고구려를 아로새긴 비석

처음부터 제대로 배우는 한국사 그림책 15

고구려를 아로새긴 비석 _광개토 대왕비가 들려주는 고구려 이야기

초판 1쇄 발행 2019년 3월 4일
초판 4쇄 발행 2024년 12월 19일

글 김일옥
그림 박지윤

펴낸곳 도서출판 개암나무(주)
펴낸이 김보경
경영관리 총괄 김수현   **경영관리** 배정은 조영재
편집 조원선 김소희 오은정 이혜인   **디자인** 이은주   **마케팅** 이기성
출판등록 2006년 6월 16일   제22-2944호

주소 서울특별시 용산구 한남대로40길 19, 4층(한남동, JD빌딩) (우)04417
전화 (02)6254-0601, 6207-0603   **팩스** (02)6254-0602   **E-mail** gaeam@gaeamnamu.co.kr
개암나무 블로그 http://blog.naver.com/gaeamnamu   **개암나무 카페** http://cafe.naver.com/gaeam

ⓒ 김일옥, 박지윤, 2019
이 책의 저작권은 저자에게 있습니다. 저자와 출판사의 허락 없이 내용의 일부를 인용하거나 발췌하는 것을 금합니다.

ISBN 978-89-6830-506-1 74900
ISBN 978-89-6830-122-3 (세트)

이 도서의 국립중앙도서관 출판시도서목록(CIP)은 서지정보유통지원시스템 홈페이지(http://seoji.nl.go.kr)와
국가자료공동목록시스템(http://www.nl.go.kr/kolisnet)에서 이용하실 수 있습니다.
(CIP제어번호: CIP2019003422)

품명 아동 도서 | **제조년월** 2024년 12월 19일 | **사용연령** 10세 이상
제조자명 개암나무(주) | **제조국명** 대한민국 | **전화번호** 02-6254-0601
주소 서울특별시 용산구 한남대로40길 19, 4층(한남동, JD빌딩)

왕의 은택은 하늘까지 미쳤고
위엄은 온 세상을 흔들었다.
나쁜 무리를 쓸어 없애자
백성이 모두 편안하게 살게 되었다.
나라는 부강하고 풍족해졌으며
온갖 곡식이 가득 익었다.

— 광개토 대왕비문 중에서

은택 은혜와 덕택(도움을 베풀어 줌)을 아우르는 말.
부강 부유하고 강함.

똑똑똑!
창을 두드리는 소리에 슬며시 눈을 뜨니
사람들이 유리창 너머에서 나를 바라보고 있어.
기대에 찬 눈망울만 봐도 나는 알 수 있지.
이들이 나를 보기 위해
이곳, 중국의 지린성 지안시까지 먼 길을 왔다는 걸.
나를 찾아온 사람들은 말해.
오는 내내 가슴이 두근거렸다고.
처음 와 본 곳인데도 높은 산과 깊은 계곡 사이에
펼쳐진 이 땅이 무척 낯익어서
마치 고향에 온 것처럼 푸근하다고 말이야.

압록강의 변두리 도시인 지안은
고구려의 도읍인 국내성이 있던 곳이야.
나는 광개토 대왕이 묻힌 국내성의 언덕, 국강상에 서 있는
국강상 광개토경 평안 호태왕(國岡上廣開土境平安好太王) 비란다.
광개토경은 영토를 크게 넓혔다는 뜻이고,
평안 호태왕은 나라를 평안히 다스려
백성들에게 사랑과 존경을 받은 왕이라는 의미야.
이를 줄여서 '광개토 대왕'이라고도 부르지.

나는 광개토 대왕의 업적을 기리고,
무덤을 지키기 위해 여기에 서 있어.
사람들은 광개토 대왕이 잠든 무덤을 둘러보고
내게 기대어 눈물을 흘리곤 한단다.
2000여 년이나 흐른 지금까지도 사람들의 마음을 울리는,
그 기나긴 이야기를 한번 들어 보겠니?

2100여 년 전, 이 땅의 첫 나라 고조선이
중국 한나라의 침입으로 멸망하자,
백성들은 뿔뿔이 흩어져 산골짜기로 숨었어.
그곳에 마을을 만들고, 마을을 모아 작은 나라를 이루었지.
그러나 세력이 커진 한나라가 또다시 쳐들어와
나라를 쑥대밭으로 만들었어.

그때 하늘의 신 해모수의 아들이 나타났어.
활을 잘 쏘아서 '주몽'이라고 불린 그는
사람들을 이끌고 북방의 이민족들을 물리쳤어.
기원전 37년에는 여러 부족과 힘을 합해
졸본에 나라를 세웠는데,
그 나라가 바로 고구려야.

이민족 언어·풍습이 다른 민족.

고구려는 주변의 작은 나라들을 하나로 합쳐

세력을 키우기 시작했어.

중국 한나라와 북방의 이민족들은 이를 매우 못마땅하게 여겼어.

틈만 나면 쳐들어와 노략질을 일삼았지.

주몽에 이어 왕위에 오른 유리왕이 이들의 침략을 막아 냈어.

하지만 경계를 늦출 수는 없었어.

어떻게 하면 외세의 침입에도 끄떡없는

강한 나라가 될 수 있을까?

고민은 깊어만 갔지.

노략질 떼를 지어 돌아다니며 사람을 해치거나 재물을 강제로 빼앗는 짓.
경계 적의 예기치 못한 침입을 막기 위하여 주변을 살피며 지킴.

그러던 어느 봄날, 하늘에 제사를 지낼 때
제물로 쓰려고 잡아 둔 돼지가 끈을 풀고 달아났어.
그 돼지를 뒤쫓다가 이곳 국내성을 발견했단다.
평야가 넓고 기름져서 곡식을 기르기에 알맞았어.
우거진 숲에는 동물들이 뛰놀고,
맑은 강에는 물고기가 가득했지.
"이런 곳을 도읍으로 삼으면 더할 나위 없겠구려."
"하늘이 우리 고구려를 도우시나 봅니다."

국내성으로 도읍을 옮기자

백성들의 생활은 안정되었고, 나라는 부유해졌어.

밖으로는 한나라와 겨루면서 영토를 넓혀 갔지.

그러자 한나라의 왕이 요동 지역의 태수에게

고구려를 공격하라고 명했어.

요동의 태수가 곧 수많은 군사를 이끌고 쳐들어왔어.

그러나 고구려는 끄떡없었어.

거대한 산성 위에서 활을 쏘며 용감하게 맞섰지.

"아! 고구려의 산성은 너무나 높고 굳세어서

도저히 넘을 수가 없구나……."

지친 한나라 군사들은 결국 스스로 물러났어.

태수 지방을 다스리는 왕의 신하.

121년, 고구려 태조 대왕은 군사를 이끌고 요동 정벌*에 나섰어.
요동의 6개 성을 무너뜨리고
내친김에 요하(랴오허 강)까지 진출했지.
요하는 중국의 북쪽 지대와 만주 지방을 가르는
천연의 경계선이었어.
고구려는 요하 안쪽의 요동 벌판을 지키기 위해
튼튼한 성을 쌓았단다.

정벌 적을 군사들의 힘으로 공격함.

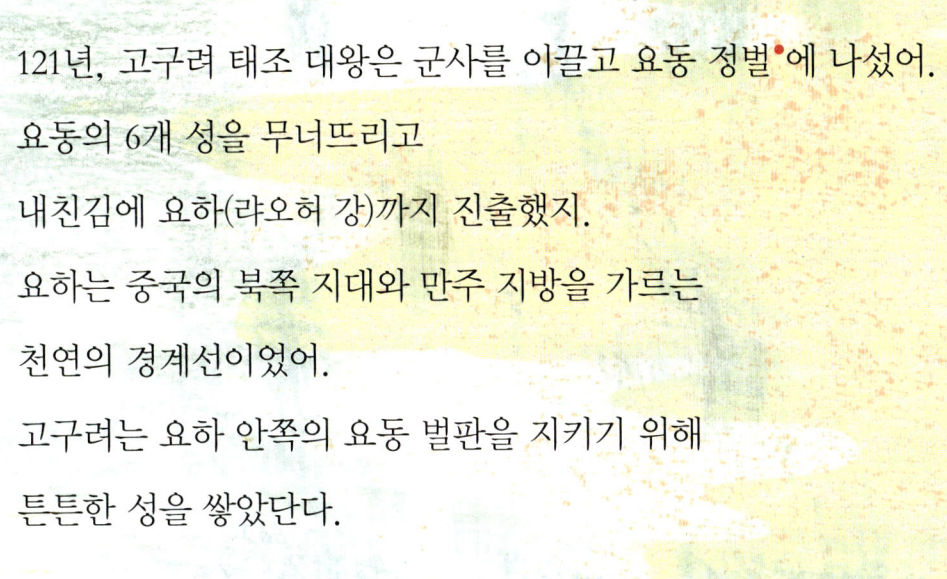

고구려가 북쪽으로 뻗어 나가던 무렵,
한반도 남쪽에 백제, 신라, 가야가 생겨났어.
이 나라들은 넓은 평야에서 기른 곡식을 팔아
경제력을 키워 갔어.
또한 군대를 조직하고 기술을 발달시켰지.
따라서 나라를 더욱 부강하게 만들려면 영토를 더 넓혀야 했어.
이 때문에 서로 끊임없이 전쟁을 일으켰단다.

고구려 북방의 나라들도 서로 견제하느라 전쟁을 멈추지 않았어.
342년, 그중 가장 세력이 큰 연나라가
고구려의 국내성에 쳐들어왔어.
연나라 군사들은 고국원왕의 아버지 미천왕의 무덤을 파헤쳐
그 시신과 미천왕의 왕비를 인질로 데려갔지.

고구려는 십여 년 동안 연나라에 조공을 바쳐야 했어.
그래야 인질로 잡혀간 미천왕과 왕비가 풀려날 수 있었지.
부모를 인질로 보낸 고국원왕은 연나라와 맞서 싸우고 싶었지만
그럴 만한 힘이 없었어.
"어떻게 해야 힘을 키울 수 있겠소?"
"힘을 키우려면 남쪽의 한강 유역을 차지해야 합니다."
신하들이 입을 모아 말했어.

고구려는 곧장 백제에 쳐들어갔어.

당시 한강 유역은 백제의 땅이었거든.

백제는 강하게 저항했어.

한강 주변의 기름진 땅과 중국으로 통하는 바닷길을

빼앗길 수 없었으니까.

고구려는 예상 밖의 강한 저항에 주춤했어.

"때는 이때다."

백제는 자신감을 얻어 반격했지.

백제군이 고구려의 평양성까지 밀고 올라오자,

고국원왕은 깜짝 놀라 몸소 평양으로 갔어.

"우아! 임금님이 오셨다!"

고구려군은 그제야 사기가 올라 가까스로 백제를 몰아냈지.

백제군은 후퇴하면서 화살을 퍼부었어.
고국원왕은 그 화살에 맞아 숨을 거두고 말았지.
"이럴 수가, 우리와 뿌리가 같은 민족인 백제가
우리 임금님을 죽이다니!"
"이제부터 백제는 고구려의 원수다!"
그날 이후 고구려와 백제는
돌이킬 수 없을 정도로 사이가 나빠졌어.

371년, 고국원왕의 뒤를 이어 소수림왕이 왕위에 올랐어.
소수림왕은 불교를 받아들여 백성의 마음을 하나로 모으고,
국내성에 태학이라는 학교를 세워 나라의 기초를 다졌지.
이듬해에는 나라를 다스리는 기본 법인 율령을 반포*했어.
나랏일과 형벌에 관해 정리한 율령을 바탕으로
왕권을 강화하고 나라의 기틀을 다졌어.

반포 세상에 널리 퍼뜨려 모두 알게 함.

391년, 18살의 청년이 임금 자리에 올랐어.

바로 광개토 대왕이야.

광개토 대왕은 왕위에 오르자마자

'영락(永樂)'이라는 연호를 선포하여

고구려가 자주국임을 주변 국가에 알렸어.

영락은 백성들과 함께 길이길이

즐거움을 누리겠다는 뜻인데,

그 뜻을 이루려면 넘어야 할 산이 너무 많았어.

북쪽에 자리한 연나라, 거란, 부여는 물론

남쪽의 백제, 신라, 가야하고도 경쟁해야 했지.

특히 오랜 숙적 연나라와 해상 강국 백제는

상대하기가 만만치 않은 나라들이었어.

광개토 대왕은 골똘히 생각했어.

'뒤통수에 적을 두고 드넓은 요동 벌판으로 나아갈 수는 없다.'

연호 왕이 즉위한 해에 붙이던 칭호.
숙적 오래전부터 원수 지간인 관계.

광개토 대왕은 군사를 일으켜 한강으로 내려갔어.
그리고 성난 파도처럼 백제를 덮쳐
한 달여 만에 백제의 성 십여 개를 무너뜨렸지.
순식간에 성을 빼앗긴 백제가 수차례 반격을 시도했지만
광개토 대왕이 이끄는 고구려군은 끄떡하지 않았어.

광개토 대왕은 숨을 고른 뒤 북쪽의 거란을 공격했어.
거란은 고구려가 강할 때는 조공을 바치고 복종하다가
조금이라도 약해질 기미를 보이면 곧장 침입해 왔거든.
고구려는 거란도 너끈히 무찔렀어.
전쟁에서 패한 거란은 많은 소와 말을 바치며
고구려의 속국이 되겠다고 납작 엎드렸지.

광개토 대왕은 거란에게 받은 소를 백성들에게 주어 농사짓게 하고,
병사들에게는 말을 나눠 주었어.
더욱 강력해진 고구려군은
어떠한 공격에도 무너지지 않았던 백제의 관미성*까지 차지했어.
"무슨 일이 있어도 관미성을 다시 찾아야 한다!"
백제의 아신왕은 거듭되는 패전*에도
끈질기게 고구려를 공격했어.
참다못한 광개토 대왕은 한강을 건너
백제의 도읍 한성을 공격했지.
백제 아신왕은 결국 고구려에 무릎을 꿇었어.

관미성 백제의 도읍 한성을 지키던 성.
패전 싸움에 짐.

한강 유역을 완전히 차지한 고구려는 나날이 발전했어.
기름진 평야에는 곡식들이 쑥쑥 자랐고,
황해 뱃길로는 무역선이 활발히 오갔어.
백제로서는 가만히 보고만 있을 수 없었지.
고구려에 조공을 바치는 신라를 무너뜨려
고구려의 힘을 잃게 할 계획을 세웠어.
백제는 가야와 손을 잡고 왜(일본)로 하여금 신라를 공격하게 했어.
왜군이 나라 안까지 쳐들어오자,
신라는 화들짝 놀랐어.

400년에 신라 왕은 하슬라성(지금의 강릉)으로 도망가면서
광개토 대왕에게 급히 편지를 썼어.
"위대하신 대왕이시여, 지금 왜군이 침입하여
나라가 너무나 위태롭습니다. 부디 도와주십시오."
광개토 대왕과 용맹한 무사들이
갑옷을 입힌 말을 타고 신라로 갔어.
"으익! 고구려군이 이렇게 강하다니! 후퇴하라."
겁에 질린 왜군은 가야로 가서 숨었어.
광개토 대왕은 가야까지 쫓아가 왜군을 모조리 몰아냈지.
신라는 정성껏 마련한 선물을 바치며
고구려를 영원히 형님 나라로 섬기겠다고 약속했어.

광개토 대왕은 드디어 북으로 눈을 돌렸어.
오랫동안 고구려를 괴롭혀 온 연나라와
승부를 겨룰 때가 왔다고 판단한 거야.
407년, 고구려의 군사들은 붉은 흙먼지를 일으키며
대륙을 향해 달려갔어.
연나라군은 겁에 질려 멀리 북쪽으로 달아났고,
그곳 사람들은 고구려의 백성이 되었어.
광개토 대왕은 요동을 완전히 장악했지만 더욱더 기세를 올렸어.

서쪽의 랴오허 강, 동쪽의 연해주,

북쪽의 쑹화강 유역까지 영토를 크게 넓혔지.

광개토 대왕은 이렇게 말했어.

"나라를 힘으로 다스려서는 안 된다.

이치와 도리에 맞게 다스려야

백성들이 오랫동안 평화롭게 살 수 있다."

다른 나라 사람들도 앞다퉈 고구려로 몰려들었어.

모두들 백성이 편안히 살 수 있는 나라, 고구려에 살고 싶어 했지.

아! 그토록 위대하고 용감했건만 광개토 대왕은
39살이라는 젊은 나이에 그만 세상을 떠나고 말았어.
아들인 장수왕은 슬퍼하며 말했어.
"왕 중의 왕, 위대하신 대왕이 나라를 부강하게 하셨으니,
이 업적을 역사에 남기는 것이 어떠한가?"
"옳으신 말씀입니다."
"천만 년이 지나도 사라지지 않도록 돌에 새겨라."
사람들은 거대하고 반듯한 바위에
한 글자 한 글자 정성을 다해 문장을 새겼어.
"광개토경 평안 호태왕."
414년에 나, 광개토 대왕비는 이렇게 만들어졌단다.
광개토 대왕의 위대한 업적이 새겨진 나는
대왕의 크고 튼튼한 무덤을 지키라는 명을 받았어.
나는 속으로 맹세했지.
'천만 년이 지나도 이 자리에 굳건히 서서
대왕의 무덤을 지키겠습니다.'

장수왕은 아버지 광개토 대왕의 뒤를 이어
고구려를 더욱 강한 나라로 만들었어.
장수왕은 고구려의 도읍을 평양성으로 옮겼어.
평양성은 동서남북 어디든지 빠르게 갈 수 있고,
국내성보다 평야가 넓어서 백성들이 살기에 아주 좋았거든.
드넓은 영토를 지키기에도 알맞았어.
넓고 비옥한 영토와 강한 군사력을 갖춘 고구려는
그 어느 때보다 찬란한 문화를 꽃피웠지.
그리고 자신들의 자랑스러운 역사를 비석에 기록했단다.
충청북도 충주의 충주 고구려비에 그 기록이 남아 있어.
충주 고구려비는 어른 어깨 높이의 작은 비석이지만,
고구려가 한반도의 중심부까지 나아갔음을 증명하는
귀한 유적이란다.

고구려는 백여 년 동안 큰 전쟁 없이 평화로운 시기를 보냈어.
하지만 그동안 한강 이북으로 서서히 밀려났어.
남쪽에서 신라가 백제와 손을 잡고 급격히 성장했고,
북쪽에서는 새로운 나라들이 생겨나기 시작했지.
590년에 고구려의 온달 장군이 말했어.
"왕이시여, 제게 군사를 주시면,
신라에 빼앗긴 한강 이남의 옛 땅을 되찾아 오겠습니다."

온달 장군은 군사를 이끌고 한강으로 내려갔어.
신라군은 죽을힘을 다해 고구려를 몰아세웠어.
조금만 버티면 한강 지역을 지켜 낼 수 있다고 판단했거든.
북쪽 나라들이 호시탐탐 고구려를 노리고 있는 상황에서
고구려가 남쪽에만 병력을 집중할 수는 없을 테니까.
결국 온달 장군과 고구려 군사들은 신라의 예상대로
한강을 되찾지 못하고 물러났어.

589년, 수나라가 중국을 통일했어.
수나라는 제가 제일이라며 우쭐댔지.
"모든 나라는 내게 와서 머리를 조아려라."
주변의 모든 나라가 고개를 숙이며
수나라의 말을 고분고분 따랐어.
하지만 고구려는 그러지 않았어.
"우리는 천하의 중심, 고구려다!"
"뭐라고? 괘씸한 고구려 놈들!"
수나라 황제가 화를 냈어.
고구려와 수나라 사이에 전쟁의 기운이 감돌았지.

고구려가 먼저 공격하자
수나라는 30만 대군을 이끌고 고구려로 쳐들어왔어.
군사의 수가 얼마나 많았던지 출발하는 데만
40일이 걸렸다고 해.
수나라 군사의 북과 나팔 소리가 천지를 뒤덮었지만
고구려는 눈 하나 깜짝하지 않았어.
을지문덕 장군이 수나라 군대를
살수(지금의 청천강)에 몰아넣어 한 번에 쓸어버렸으니까.
큰 피해를 입은 수나라는 끝내 멸망하고 말았단다.

618년, 수나라의 뒤를 이어 당나라가 중국을 통일했어.
당나라도 고구려를 노렸어.
당나라는 수나라의 패배를 거울삼아 새로운 전략을 세웠어.
육군과 수군으로 군사를 나눠 요동 땅과 황해로 공격해 왔지.
645년, 당나라 태종은 고구려의 성을 하나씩 뺏으면서 밀고 들어왔어.
"이제 안시성만 넘으면 평양성이 코앞이다!"
그러나 고구려군은 안시성 성문을 굳게 잠그고 성을 지켰어.
"에잇! 이까짓 성 하나를 못 넘겠는가?"
당 태종은 안시성 앞에 커다란 토성을 쌓도록 했어.
수많은 당나라 군사들이 흙을 싣고 와 성을 쌓기 시작했지.
석 달 만에 안시성 앞에 크고 높은 토성이 세워졌어.

그러나 흙으로 만든 성이 튼튼할 리 없었지.
장맛비에 토성이 우르르 무너져 내렸어.
고구려 군사들은 때를 놓칠세라 당나라군을 공격했어.
마침 대동강에서 당나라 수군을 무찔렀다는 승전보도 들려왔지.
고구려군의 사기는 하늘을 찔렀어.
"이럴 수가! 후퇴하라."
당나라 태종은 꽁지 빠지게 도망을 갔어.

승전보 전쟁이나 경기에서 승리를 알리는 보도.

거듭된 승리로 고구려는 우쭐했어.

누구도 고구려를 무시하지 못했지.

그러나 잇따른 전쟁으로 백성들의 삶은 점점 어려워졌어.

지배층 안에서도 분열이 일어났지.

"내가 고구려의 대장군이 되어야 한다."

"무슨 소리! 진정한 후계자는 나다."

적국에서는 이 틈을 놓치지 않았어.

660년에 당나라와 손을 잡고 백제를 멸망시킨 신라는

668년, 당나라의 요청을 받고 고구려로 쳐들어갔어.

신라와 당나라 연합군이 북쪽과 남쪽에서

동시에 고구려를 공격했지.

아! 눈물이 나더구나.

고구려의 700년 역사가 이렇게 무너져 버리다니…….

적국 적대 관계에 있는 나라.

고구려는 사라졌지만 그 후손들은 발해를 세우고,

고려를 세우고, 이어 조선을 세웠어.

내가 서 있는 이 땅의 주인은 계속해서 바뀌었지.

그러는 동안 나는 서서히 사람들의 머릿속에서 잊혔어.

내 몸에는 이끼가 잔뜩 끼어 갔어.

1890년대에 사람들이 나를 보고 이렇게 말하더군.

"음, 이렇게 큰 비석은 처음 봐. 중국 황제의 비석인가?"

나는 어이가 없어서 코웃음을 쳤어.

동시에 마음 한구석이 쓸쓸했지.

"탁본을 팔면 돈이 되지 않을까요?"

내 몸에 새겨진 글씨체가 아주 독특하고 아름다워서

사람들이 탁본을 팔았는데,

한 일본인 장교가 이것을 일본으로 가지고 갔어.

"이건 중국 황제의 비가 아니라 고구려비다."

일본인 장교의 말에 사람들은 비로소 고구려를 기억해 냈어.

그런데 이 자가 엉뚱한 소리를 지껄였어.

"옛날에는 우리 일본이 한반도 남쪽을 지배했군.

여기에 그렇게 쓰여 있어."

나는 놀라서 쓰러질 뻔했단다.

나의 어디에 그렇게 쓰여 있다는 거야?
당시 일본은 조선을 집어삼키기 위해 명분이 필요했어.
거기에 나를 이용하려고 비석에 새겨진 문구를 제멋대로 해석한 거야.
고구려의 후손들은 울분이 치밀었지만
그 황당한 억지에 맞서 싸울 힘이 없었어.
고구려의 후손들이 사는 나라 조선이 일본의 식민지가 되어 버렸거든.
조선을 삼키고 만주까지 세력을 뻗친 일본은
나를 저희 나라로 데려가려고 했어.
"동양 최대의 비석이 이런 곳에 있다니!
이 비석으로 일본의 공원을 장식하면 멋질 거야!"
맙소사! 어림없는 소리.

나는 산처럼 버텼어.

위대한 광개토 대왕의 무덤을 바라보며 힘을 냈어.

일본인들은 37톤이나 되는 무거운 나를 옮기려고 끙끙대다가

결국 방법을 찾지 못해 포기했어.

나는 안도의 한숨을 내쉬었지.

내가 오랜 세월 모진 어려움을 겪으면서

광개토 대왕릉을 지킨 이유는

그것이 곧 고구려의 역사를 지키는 길이었기 때문이야.

언젠가 고구려의 후손들이 나를 찾아와,

내 몸에 새겨진 고구려를 기억해 주리라 믿었거든.

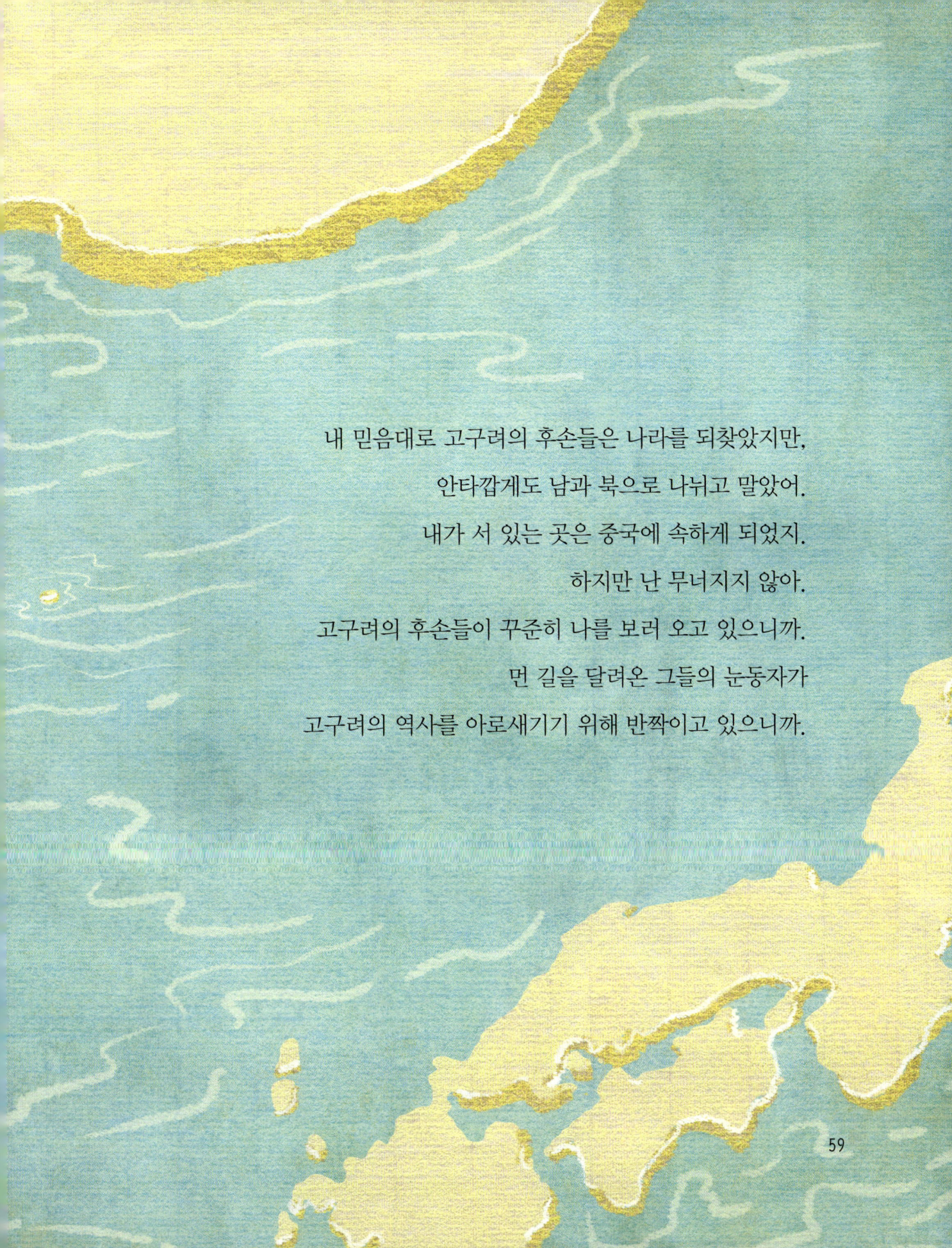

내 믿음대로 고구려의 후손들은 나라를 되찾았지만,
안타깝게도 남과 북으로 나뉘고 말았어.
내가 서 있는 곳은 중국에 속하게 되었지.
하지만 난 무너지지 않아.
고구려의 후손들이 꾸준히 나를 보러 오고 있으니까.
먼 길을 달려온 그들의 눈동자가
고구려의 역사를 아로새기기 위해 반짝이고 있으니까.

나는 두꺼운 유리문 속에서도
고구려의 후손을 바로 알아볼 수 있어.
눈물이 고인 눈으로 나를 안타깝게 바라보거든.
아마 다른 나라 사람들이 떠들어 대는 소리를 들었나 봐.
"고구려가 중국의 한 지역이었다고?"
"아주 옛날에는 한반도가 일본의 속국이었다며?"
그런 터무니없는 거짓말에 힘없이 눈물짓지 말아 줘.
내가 오래도록 외로이 지켜 온
고구려의 역사를 빼앗기지 말아 줘.
위대한 광개토 대왕과 고구려의 진취적인 기상을 기억해 줘.
너희는 자랑스러운 고구려의 후손들이니까.

진취적 적극적으로 나아가는 것.

광개토 대왕비가 들려주는 고구려 이야기

고구려는 기원전 37년, 주몽이 압록강 유역에 세운 나라예요. 백제, 신라와 함께 삼국을 이루었지요. 전성기 때는 북으로 요동 지역에서 남으로 한강 유역까지 영토를 크게 넓히며 용맹을 떨쳤어요. 그 중심에 광개토 대왕이 있었지요. 광개토 대왕비를 통해 강대했던 고구려의 이모저모를 살펴보아요.

고구려는 어떤 나라인가요?

고구려는 기원전 37년, 주몽이 압록강 중류 지역의 토착민들과 함께 세운 나라예요. 당시 고구려의 북쪽에는 부여가, 남쪽에는 옥저, 동예, 삼한(마한, 진한, 변한)이 있었어요. 이후 부여, 옥저, 동예는 고구려에 통합되었고 삼한이 있던 자리에는 백제와 신라, 가야가 들어섰어요. 얼마 뒤 신라가 가야를 흡수하면서 고구려, 백제, 신라 세 나라가 한반도에서 세력을 다투었어요. 이 시기를 '삼국 시대'라고 부르지요.

토착민 대대로 그 땅에서 살고 있는 사람.

《삼국사기》에 나온 고구려의 건국 신화

《삼국사기》는 고려의 역사가 김부식이 삼국 시대의 역사를 기록한 역사책이에요. 이 책에는 주몽이 고구려를 세운 이야기가 신화로써 기록되어 있답니다.

물의 신 하백의 딸 유화는 하느님의 아들 해모수와 사랑에 빠져 집안에서 쫓겨났어요. 갈 곳을 잃은 유화는 부여 금와왕의 보호를 받았지요. 그런데 이상하게도 햇빛이 항상 유화를 따라다녔어요. 그러던 어느 날 유화가 커다란 알을 낳았는데, 이 알에서 한 아이가 태어났어요. 바로 고구려의 시조 주몽이었지요. 주몽은 영특하고 재주가 많았어요. 특히 활을 잘 쏘았지요. 주몽이라는 이름은 활을 잘 쏘는 사람이라는 뜻이에요.

부여의 왕자들은 재주 많은 주몽을 시기했어요. 주몽은 왕자들의 괴롭힘을 견디다 못해 부하인 오이, 마리, 협보와 부여에서 도망쳐 나와 남쪽으로 달아났어요. 큰 강에 다다랐을 때 부여 왕자들이 코앞까지 바짝 추격해 왔어요. 어서 빨리 강을 건너지 않으면 왕자들에게 붙잡힐 위기였지요. 그때 주몽이 해모수의 아들임을 알아본 거북이와 물고기들이 다리를 만들어 주었어요. 덕분에 주몽은 무사히 도망쳐 졸본 지역에 고구려를 세웠답니다.

　고구려는 험준한 산이 많고 농사지을 들판이 별로 없어서 백성들이 먹고살기 힘들었어요. 그래서 백제, 신라가 자리한 한반도 남쪽과 요동 지역(현재 중국의 랴오둥반도) 등 평야가 발달한 지역으로 영토를 넓히려고 애썼지요. 그러면서 나라의 기틀을 차근차근 다져 나갔어요. 4세기 후반 왕위에 오른 소수림왕은 율령을 만들고 불교를 국교로 정했어요. 또 태학이라는 학교를 세워 인재를 양성하는 데에도 힘을 쏟았지요.

　5세기에 광개토 대왕은 영토를 넓히는 데 박차를 가했어요. 북으로는 요동성(현재 중국의 랴오닝성), 남으로는 한강까지 진출하면서 고구려를 동아시아 최강자의 자리에 올려놓았지요. 광개토 대왕의 아들 장수왕도 아버지의 업적을 이어받아 한강 이남까지 영토를 넓혔어요. 또한 도읍을 평양으로 옮겨 중국, 일본과 활발히 교류하며 문화를 꽃피웠지요. 소수림왕이 만든 관료(신하) 조직을 더욱 체계적으로 정리하는 등 나라

장수왕 때 한강 이남 지역에서 승리한 것을 기념하기 위해 세운 충주 고구려비. 장수왕이 한강 이남 지역까지 영토를 넓혔다는 사실을 알 수 있다.

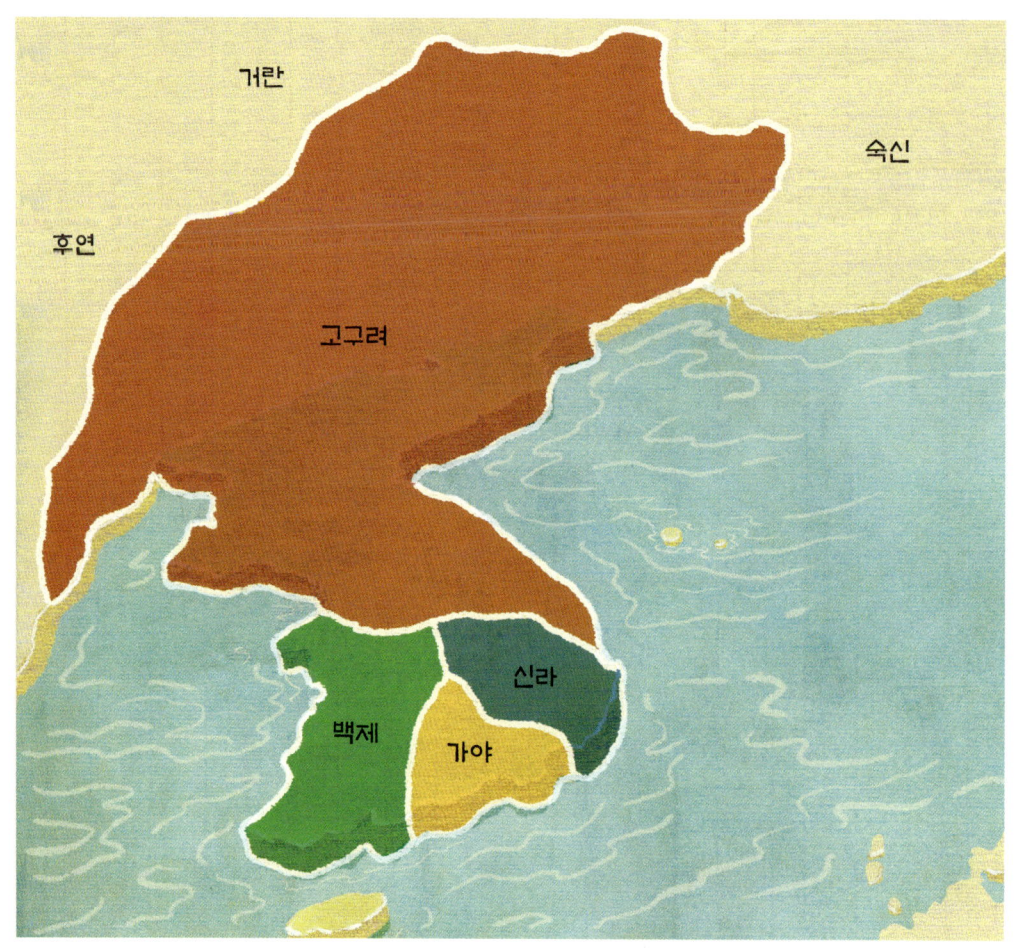

고구려의 전성기(5세기)를 보여 주는 지도. 북으로는 요동성, 남으로는 한강 유역까지 영토를 넓혔다.

의 기강을 바로잡는 데에도 힘썼어요. 그 무렵 그려진 고구려 벽화들을 보면 당시 고구려가 얼마나 풍요로웠는지 짐작할 수 있지요.

6세기에 이르러 고구려와 이웃한 중국 대륙이 크게 요동쳤어요. 수나라가 중국 대륙을 통합했지요. 수나라는 강력한 군사력을 바탕으로 한반

　도까지 차지하려고 고구려와 전쟁을 벌였어요. 그러나 을지문덕 장군이 지혜를 발휘하여 한 번에 적을 물리쳤어요. 살수(지금의 청천강) 지역의 물길을 막았다가 수나라 군사들이 그 지역을 지날 때 물길을 터서 격파했지요. 이 전투를 '살수 대첩'이라고 해요.

　고구려에 패한 수나라는 얼마 뒤 멸망했어요. 그 후 당나라가 들어섰지요. 당나라의 왕 태종은 몸소 군사를 이끌고 고구려를 공격했어요. 그러나 안시성 태수 양만춘에게 패했지요.

　전쟁이 계속되면서, 고구려 백성들의 삶은 점점 고달파졌어요. 전쟁에 쓰일 물자를 대고 전쟁터에 동원되면서 가난과 고통에 시달렸지요. 정치도 혼란스러웠어요. 지배층들이 서로 권력을 잡겠다며 다툼을 벌였지요.

　660년에 당나라와 손을 잡고 백제를 무너뜨린 신라는 이때를 놓치지 않고 고구려를 공격했어요. 계속된 전쟁과 지배층의 내분°으로 국력이 쇠한 고구려는 668년, 신라와 당나라 연합군에 패해 역사 속으로 사라졌답니다.

내분 자기편끼리 일으킨 분쟁.

광개토 대왕은 누구인가요?

광개토 대왕은 391년, 18세의 젊은 나이로 왕위에 올랐어요. 412년 세상을 떠날 때까지 21년 동안 고구려를 동아시아의 최강대국으로 만들었지요.

광개토 대왕은 먼저 고구려가 자주 국가임을 주변에 알리기 위해 '영락(永樂)'이라는 연호를 사용했어요. 영락은 백성을 즐겁게 하겠다는 뜻이에요. 또 주변 나라들을 공격하여 영토를 넓히는 데 힘썼어요. 396년에는 직접 군대를 거느리고 백제를 정벌하여 수십 채의 성을 무너뜨렸어요.

고구려 시대에 만들어진 돌무지 무덤으로, 규모나 구조, 무덤에서 출토된 유물 등을 토대로 광개토 대왕의 무덤으로 추정(중국 길림성 위치).

400년에는 신라 내물왕의 요청으로 군사 5만 명을 보내 왜군을 격퇴했지요. 또 중국 연나라를 공격하여 축구장 300만 개가량의 넓은 땅을 정복했어요. 광개토 대왕은 이후에도 끊임없이 영토를 늘려 고구려 역사상 가장 넓은 영토를 정복했어요. 그 때문에 고구려의 왕 중 유일하게 대왕이라고 불린답니다.

 ## 장수왕은 누구인가요?

장수왕은 광개토 대왕의 아들로 412년, 아버지의 뒤를 이어 왕위에 올랐어요. 고구려의 수도를 국내성에서 평양으로 옮기고 한반도 남쪽을 정복하여 백제와 신라를 압박했지요.

장수왕은 외교의 달인이었어요. 한반도 남쪽을 공격하는 동시에 북쪽의 중국과 신교를 유지했어요. 또한 아버지 광개토 대왕이 정복한 땅을 굳건히 지키고 나아가 한강 유역까지 차지하며 고구려의 전성기를 이끌었답니다.

장수왕은 96세까지 고구려를 다스렸어요. 삼국 시대를 통틀어 가장 오래 산 왕이어서 '장수'왕으로 불리지요.

광개토 대왕비는 무엇인가요?

414년, 장수왕이 아버지 광개토 대왕의 업적을 기리기 위해 세운 비석이에요. 이 비석은 높이 6.39미터, 무게 37톤에 달해요. 비석의 네 면에는 손바닥 만한 크기의 글자 1,775자가 새겨져 있지요.

일제 강점기에 촬영한 광개토 대왕비의 모습. 크기가 성인 남성 키의 4배가 넘는다.

광개토 대왕비의 내용은 크게 세 가지예요. 첫 번째는 건국 신화로, 주몽이 나라를 세운 과정과 후대 왕들에 대해 간략하게 소개했어요. 다음은 광개토 대왕의 업적으로, 광개토 대왕이 영토를 확장한 과정을 연대순으로 기록했어요. 마지막은 광개토 대왕의 무덤을 지키는 수묘인에 대해 적었지요.

광개토 대왕비는 사료•로써 매우 가치가 높은 보물이에요. 오늘날까지 전해지는 삼

국 시대의 기록이 매우 적기 때문이지요. 또한 고구려, 백제, 신라와 중국, 일본 등 주변 동아시아의 정세가 담겨 있어 그 시대의 역사를 더욱 폭넓게 이해하는 데에도 큰 도움을 준답니다.

사료 역사 연구에 필요한 문헌이나 유물, 문서, 기록, 건축, 조각 등을 이르는 말.
정세 정치상의 동향이나 형세.

광개토 대왕비문을 탁본한 탁본첩.

동북공정과 임나일본부설이 무엇인가요?

동북공정은 중국이 자국의 영토 안에서 일어났던 모든 역사를 자신들의 역사에 넣으려고 벌이는 연구 프로젝트예요. 우리나라가 통일이 되면 동북공정을 근거로 영토 분쟁 때 우위를 차지하려고 2002년 2월 18일부터 연구를 시작했지요. 그들의 주장에 따르면 고구려, 발해 등 지금의 중국 영토에서 있었던 우리의 역사는 중국의 역사가 되는 거예요.

동북공정을 주장하는 사람들은 고조선, 고구려, 발해 등이 고대 중국의 동북 지방에 속한 지방 정권인데, 북한과 한국의 학자들이 이를 왜곡하고 있다고 말해요.

우리나라 정부는 2006년부터 중국의 이러한 주장에 유감을 표해 왔어요. 이에 중국 정부는 '동북공정은 국가 차원에서 하는 연구가 아니다'라며 한발 물러섰지만 고구려와 발해 유적지의 표지판이나 대학 교재, 교양서 등에 이와 관련한 내용을 버젓이 수록했어요. 고구려의 대표 유산인 장군총을 비롯한 여러 고분들을 2004년 유네스코 세계 유산으로 등재하고, 장군총을 소개하는 표지판에 '중국의 AAAA급 유적'이라고 표시했지요. 또 고구려의 산성이라고 인정받은 용담산성 앞에 '고구려는 중국의 지방 정권'이라고 적힌 안내판을 세웠어요.

그런가 하면 일본도 자신들이 한반도를 지배했다고 주장해요. 일본이

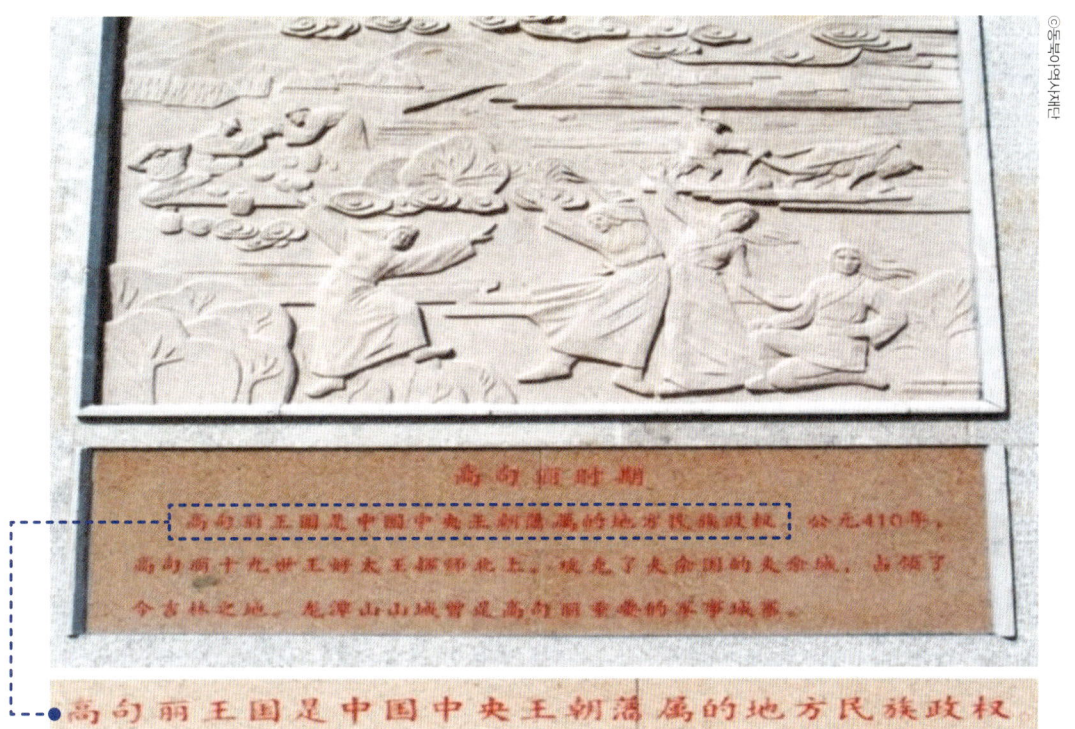

중국 지린성에 위치한 용담산성의 안내판. '고구려는 중국의 지방 정권'이라는 문구가 적혀 있다.

근거로 드는 것이 광개토 대왕비예요.

일본의 역사책 《일본서기》에는 369년 일본군이 한반도 남부로 진출했고, 이후 임나(가야) 지역에 일본부를 설치해 다스렸으며, 562년 신라에 의해 쫓겨났다는 기록이 있어요. 일본 학자들은 광개토 대왕비의 일부 문구를 이와 비슷하게 풀이해 일본이 한반도를 지배했다고 주장해요. 즉, "391년에 왜가 바다를 건너와 백제와 임나(가야), 신라를 격파하고 신민으로 삼았다"라고 해석했지요. 이 주장이 '임나일본부설'이에요. 임나

일본부설은 일제 강점기에 일본의 조선 침략을 정당화하는 이론으로 쓰였어요. 그런데 문제는 일제가 패망한 뒤에도 이런 주장이 계속되고 있다는 거예요. 심지어 이 내용이 일본 역사 교과서에도 실렸답니다.

일본의 주장이 거짓이라는 증거는 많아요. 먼저 《일본서기》는 나중에 덧붙인 내용이 많아서 역사 자료로 신뢰하기가 어려워요. 뿐만 아니라 《삼국유사》나 《삼국사기》 등 그 시대를 기록한 우리 역사책에는 임나일본부에 대한 기록이 전혀 없어요. 이 이론을 뒷받침할 만한 유물이나 유적 또한 한반도는 물론 일본에서도 발견되지 않았답니다.

한국의 학자들은 일본 학자들이 광개토 대왕비의 내용을 자신들에게 유리한 대로 해석했다고 봐요. 고구려의 비석이므로 고구려라는 주어가 생략되었을 텐데 그것을 고려하지 않았다는 것이지요. 즉 "391년에 왜가

바다를 건너오니 이를 격파한 **고구려가** 백제와 임나(가야), 신라를 신민으로 삼았다"로 해석해야 한다는 거예요. 그러면 당시의 역사와 맞아떨어져요.

덧붙여 삼국 시대에 일본의 문화 수준은 한반도에 비해 한참 뒤처졌어요. 따라서 일본이 신라와 백제, 가야 등을 지배했다는 내용은 역사적으로 맞지 않아요. 또 일본이라는 명칭을 7~8세기부터 사용했기 때문에 4~6세기에 '일본부'라는 기관이 있었다는 주장도 이치에 맞지 않아요.

역사를 왜곡하려고 드는 중국과 일본으로부터 고구려의 역사를 지키려면 우리 스스로 많은 관심을 갖고 역사를 제대로 공부해야 해요. 우리가 이들의 잘못된 주장에 올바른 근거를 들어 반박한다면 그 누구도 함부로 역사를 왜곡하지 못할 거예요.

고구려 문화재를 살펴봐요

고구려는 다른 나라의 문화를 적극적으로 받아들이며 자신들의 고유한 문화를 발전시켰어요. 특히 고구려에는 무덤 문화가 발달했는데 무덤 안을 화려하게 꾸미고, 아름다운 벽화를 그렸지요. 무덤 그림인 고분 벽화를 비롯하여 고구려의 문화유산을 살펴보아요.

수렵도
무용총 내부에 있는 벽화로, 고구려인들이 사냥하는 모습을 담았어요. 말을 타고 활을 쏘는 고구려 병사들의 모습에서 고구려인의 용맹함을 느낄 수 있어요. 또 고구려 병사들의 기마술이 뛰어났음을 짐작할 수 있지요.

무용도
무용총 무덤의 주인을 배웅하는 무용수들을 그린 벽화예요. 무용수들이 춤을 추며 죽은 사람을 배웅하는 모습에서 고구려 사람들이 죽음에 대해 긍정적으로 생각했음을 알 수 있어요.

연가 칠년 금동 여래 입상
우리나라에서 가장 오래된 불상이에요. '539년 고구려의 수도 평양에 있던 동사(東寺)라는 절에서 만든 불상 중 하나'라는 글이 새겨져 있어요.

호우총 청동 그릇
경주에 있는 신라 시대 고분 호우총에서 발견된 청동 그릇이에요. 그릇에 광개토 대왕의 시호가 새겨진 것으로 보아, 광개토 대왕 장례식이 끝나고 1년 되는 날을 기념하여 만든 그릇으로 짐작해요. 이 유물을 통해 당시 고구려가 신라에 영향력을 미치고 있었음을 알 수 있어요.

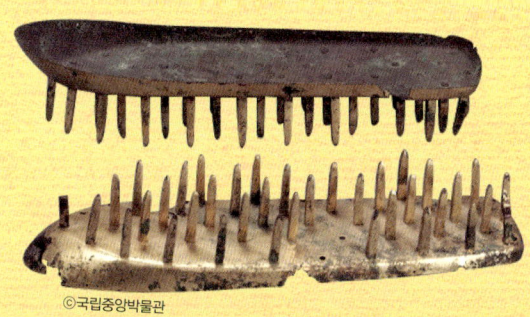

금동 신발
바닥에 못이 촘촘하게 박힌 신발이에요. 실제로 신고 다니려고 만든 게 아니라 관에 넣거나 의례를 지낼 때 사용하려고 만든 거예요. 길이가 약 34.8센티미터로 무척 크답니다.

광개토 대왕비가 지켜 낸 고구려의 역사를 기억해요!

우리는 고구려를 삼국 중 가장 큰 영토를 차지했던 나라, 찬란한 문화와 예술을 꽃피웠던 나라로 기억합니다. 그러나 신라가 삼국을 통일한 후, 고구려의 역사와 기상을 잊고 있었어요. 일제 강점기에 광개토 대왕비가 발견되기 전까지 말이지요. 광개토 대왕비는 가장 암울했던 시기에, 위풍당당한 고구려의 역사를 증언하며 우리 민족에게 자부심과 긍지를 일깨워 주었습니다. 그리고 광복 후 찬란했던 고구려 역사를 되찾았습니다. 우리나라 학자들은 광개토 대왕비라는 훌륭한 사료를 바탕으로 당시 고구려가 얼마나 위대한 나라였는지 밝혀냈어요. 그런데 광개토 대왕비를 비롯한 수많은 고구려의 문화유산이 남아 있음에도 이웃 나라들은 끊임없이 역사를 왜곡하고 있답니다.

일본은 광개토 대왕비의 문구를 제멋대로 해석했습니다. 자신들이 신라와 백제에 '일본부'라는 통치 기구를 두고 한반도를 다스렸다며 억지 주장을 펼쳤지요. 일제 강점기에 시작된 이 주장은 현재에도 계속되고 있어요. 일본의 역사 교과서에까지 버젓이 실렸지요.

중국도 지금의 중국 땅에 자리했던 고구려를 자신들의 역사로 만들기 위해 교묘한 논리를 폅니다. 동북공정이라는 프로젝트를 통해 고구려가 중국의 소수 민족이었다고 주장했지요. 여기에 광개토 대왕비를 끌어들였습니다. 고구려의 유적이 제 나라 땅에 있으니 고구려도 저희 것이라는 황당한 주장이에요. 표면상으로는 동북공정이 종료되었지만 '한반도는 중국의 일부'였다는 중국 수석의 발언과 중국 정부의 입장을 들여다보면 여전히 역사 왜곡이 진행 중임을 알 수 있어요.

이처럼 일본과 중국은 각기 자신들의 입장에 유리하도록 광개토 대왕비를 이용하고 있어요. 어떻게 해야 이들에게서 고구려 역사를 지켜 낼 수 있을까요? 광개토 대왕비가 홀로 꿋꿋이 지켜 낸 역사를, 어떻게 해야 빼앗기지 않을 수 있을까요? 가장 확실한 방법은 먼 옛날의 선조들을 기억하며 수천 년을 이어 온 우리 역사에 관심을 가지는 것입니다. 여러분이 우리 역사에 관심을 기울이고 오롯이 보전하고자 노력한다면 그 누구도 우리의 역사를 흔들거나 왜곡하지 못할 거예요.

광개토 대왕비가 지켜 낸 우리 고구려의 역사가 여러분과 늘 함께하기를 바랍니다.